LAMP
WORKBOOK
자기주도학습
향상 프로그램
LAMP - Core 5

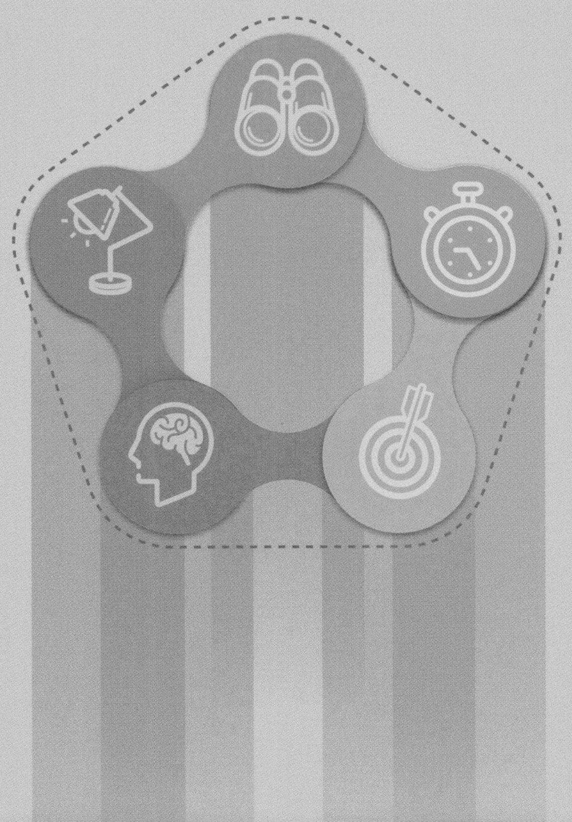

자기주도학습 향상 프로그램 LAMP - Core 5

박동혁 저

학지사

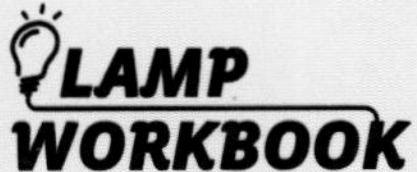
LAMP
WORKBOOK

이 책은 학습상담을 위한 『LAMP WORKBOOK 시리즈 Part 1~5』(2014, 학지사)의 내용을 5회기로 재구성한 단축판입니다. 학교나 기관 장면에서 보다 간명한 형태의 학습 전략 프로그램을 적용할 때 사용하기 편리하도록 구성했습니다. 또한 온라인 기반의 학습상담이 가능하도록 영상 프로그램이 준비되어 있습니다.

이 워크북은 『LAMP WORKBOOK 시리즈 Part 1~5』의 20개 주제 중 단기간에 학습과 적용이 용이한 주제를 다음과 같이 선별했습니다.

첫 번째 회기는 목표 설정에 중점을 둡니다. 목표는 모든 학습 전략의 기초이며, 목표 없이는 동기도 경험할 수 없습니다. 이를 위해 장기목표로서 진로상담과 단기목표를 설정하는 방법을 배우게 됩니다. 상담자가 던져야 할 핵심질문과 자기이해를 도모할 수 있는 과제들이 포함되어 있습니다.

두 번째 회기는 시간 관리에 중점을 둡니다. 시간은 귀중한 자원이며, 이를 효과적으로 학습하기 위해서는 현명하게 사용해야 합니다. 우리는 우선순위를 정하고, 학습 플래너를 만들고, 실행력을 높이는 방법 등 다양한 시간 관리 기술을 탐색할 것입니다.

세 번째 회기는 집중력 향상에 중점을 둡니다. 집중력은 효과적인 학습을 위해 중요하지만 유지하기가 어렵습니다. 집중력 향상 기술과 공부환경 정리 방법 등 주의분산을 최소화하고 집중력을 향상시키는 기술을 다루게 됩니다.

네 번째 회기는 정보처리 능력 향상을 위한 기억 전략에 중점을 둡니다. 기억은 학습에 필수적이며 기억력을 향상시키는 방법은 많이 있습니다. 그중에서 학교 학습에 가장 자주 적용되는 수업듣기 기술과 노트필기 전략 및 복습방법이 제공됩니다.

다섯 번째 회기는 시험 전략에 중점을 둡니다. 시험은 대개 학습의 마지막 단계이며, 시험 전략을 사용하면 자신감을 가질 수 있습니다. 시험에 대비하는 방법, 시험기간 동안의 효과적인 시간 관리, 집중력 유지 및 불안 조절 방법 등 시험 전략에 대해 논의할 것입니다.

이 책의 5개 주제는 자기주도학습의 이론에 따라 순차적으로 제시된 것이므로 가급적 순서대로 진행할 것을 권장합니다. MLST 학습전략검사의 결과를 고려하고, 검사 결과지에 제시된 취약 영역을 먼저 다루는 것도 좋은 대안이 될 수 있습니다. 단축판의 한계로 세부적인 학습 기술 중 생략된 부분이 많습니다. 보다 충실한 학습상담을 위해서는 LAMP WORKBOOK 전체 시리즈를 참고하시기 바랍니다. 감사합니다.

저자 박동혁 박사

CONTENTS

이 책의 활용방법 • 5

1 동기 및 목표 설정 전략

- 진로란 무엇일까? 11
- 진로탐색의 시작 12
- * 진로탐색을 위한 자기이해 첫 번째! – 흥미
- 흥미에 대한 이해 13
- * 진로탐색을 위한 자기이해 두 번째! – 적성
- 적성의 의미와 중요성 15
- 강점 발견하기 15
- * 진로탐색을 위한 자기이해 세 번째! – 가치관
- 가치관의 중요성 16
- 성적 목표판 작성하기 19

2 시간관리 능력 향상 전략

- 시간 사용 분석하기 23
- 시간 사용에 대한 평가 24
- 시간의 종류 25
- LAMP 학습 플래너 작성 연습 26

3 집중력 향상 전략

- 집중을 잘할 수 있는 조건 만들기 33
- 집중을 높이기 위한 기술 36
- 효과적인 공부환경 만들기 38
- 건강한 수면을 위한 잠의 과학 39
- 좋은 수면 습관 만들기 40
- 내가 집중이 안 되는 가장 큰 이유 정리하고 해결책 찾아보기 41

4 정보처리 능력 향상 전략

- 수업 중 핵심 파악하기 45
- 수업 직후 5분 복습 전략 47
- 효과적인 노트양식 48
- 노트를 활용한 복습법 53

5 시험준비 능력 향상 전략

- 시험이 발표되면 해야 할 일(시험 정보 모으기) 57
- 시험계획을 잘 세우기 위한 전략 (1) – 분산학습 58
- 시험계획을 잘 세우기 위한 전략 (2) – 반복학습 59
- 분산학습, 반복학습의 원리를 효과적으로 적용한 시험준비 계획 60
- 시험불안이란? 63

1. 동기 및 목표 설정 전략

Motivation Enhancement Program

진로란 무엇일까?

진로(進路)란
좁은 의미로는 [   ], [   ]과 관련된 인생의 길을 의미하지만 넓은 의미로는 사람의 일생 동안 이루어지는 모든 활동과 나아갈 길을 의미합니다. 즉 교육, 훈련, 대인관계, 직업, 결혼, 가정생활 등 모든 것을 포함하는 삶의 전 과정이라고 할 수 있습니다.

진로탐색의 시작

행복한 삶을 살기 위해서는 청소년기부터 진로에 대해 계획을 세우는 것이 중요합니다. 진로 계획을 세울 때 가장 중요한 일 가운데 하나는 자기 자신을 명확하게 이해하는 것입니다.

연습) **진로탐색을 위해 추가로 더 살펴봐야 할 것들에는 무엇이 있는지 생각해 봅시다.**

*진로탐색을 위한 자기이해 첫 번째! – 흥미

흥미에 대한 이해

흥미란 한 사람이 어떤 활동이나 사물에 대해 특별한 [ ][ ] 을 갖고 [ ][ ] 하게 하는 경향으로, 자신이 [ ][ ][ ][ ] 것에 주의를 기울이고 이를 향해 나아가고자 하는 [ ][ ] 입니다.

- 다음 표에 나와 있는 분류를 보고, 앞서 살펴본 나의 흥미 6개는 어떤 영역에 속하는지 표시해 봅시다. *해당되는 영역의 체크란에 / 표 하세요.

〈흥미분류표〉

분야	활동 종류	체크
돌보기 활동	어린아이 돌보기, 노인 방문하기, 다른 친구들에게 모르는 문제 가르쳐 주기, 방문객 안내하기, 봉사하거나 자원 활동하기, 간호하기	
대인관계 활동	자선 단체 조직하기, 토론하기, 논쟁하기, 청소년 단체 참여하기, 학교 동아리 활동 참여하기, 게임 고안하기, 다른 사람 이야기 들어 주기, 다른 사람 설득하기	
언어 활동	문학 서적 읽기, 철학 서적 읽기, 역사 서적 읽기, 단어의 어원 찾기, 출판물 편집하기, 기사 작성하기, 영어로 외국인과 대화하기, 외국어 배우기	
과학 활동	화학 공부하기, 물리 공부하기, 생물 공부하기, 천체와 별 관찰하기, 동식물 관찰하기, 환경 변화 탐구하기, 과학 관련 책 읽기	
계산/정리 활동	용돈 사용 계획 작성하기, 가계부 정리하기, 돈 관리하기, 다이어리 정리하기, 주변환경 청소하기, 신문의 경제면 읽기	
가구활용 활동	모형 비행기 만들기, 프라모델 만들기, 시계나 자전거 등 수리하기, 전기 기구 설치 및 수리하기, 가구 제작하기, 조립하기, 장난감 고치기, 목재 공작하기	
실습 활동	십자수, 뜨개질, 가구칠하기나 닦기, 옷 수선 및 재단하기, 조리하기, 주변 장식하기, 식물 재배하기, 정원 가꾸기	
예술 활동	음악 연주하기, 시 쓰기, 도자기 만들기, 춤추기, 그림 그리기, 사진 찍기, 악기 연주, 예쁜 글씨 쓰기, 귀여운 캐릭터 그리기	
신체 활동	축구, 야구, 수영, 등산, 자전거, 단체 게임	

*출처 : 2011. 경기도 교육청

내 흥미의 무게는?

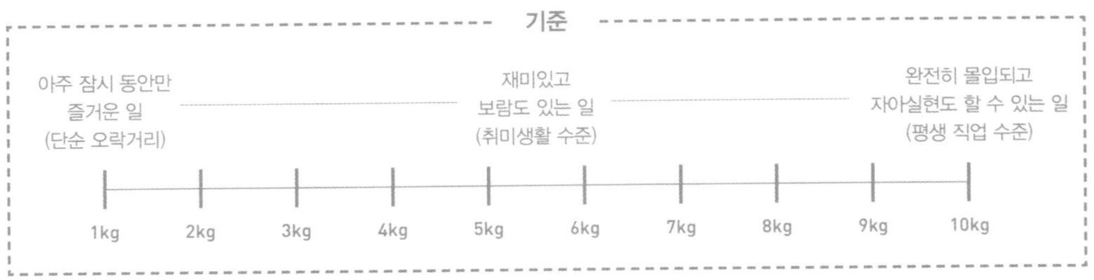

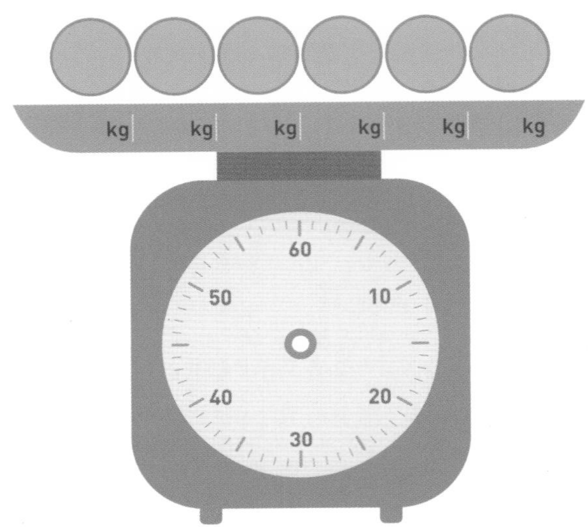

나의 흥미를 개발해서 해 볼 수 있는 직업들을 찾아오세요.

나의 흥미	관련 직업	그렇게 생각한 이유

*진로탐색을 위한 자기이해 두 번째! – 적성

적성의 의미와 중요성

적성이란 어떤 일을 하는 데 필요한 　　　　 이나 　　　　 을 말합니다.

강점 발견하기

- **다음 표에는 여러 가지 강점들이 나열되어 있습니다. 각 강점에 따라 자신에게 해당되는 점수에 체크해 보세요.**

내용	점수
· 기계를 잘 다룬다	0-1-2-3
· 체력이 좋다	0-1-2-3
· 운동을 잘한다	0-1-2-3
· 손재주가 있다	0-1-2-3
· 물건을 잘 고친다	0-1-2-3
· 활기차다	0-1-2-3
· 호기심이 많다	0-1-2-3
· 분석을 잘한다	0-1-2-3
· 생각이 깊다	0-1-2-3
· 책을 잘 읽는다	0-1-2-3
· 논리적이다	0-1-2-3
· 관찰력이 좋다	0-1-2-3
· 창의적이다	0-1-2-3
· 상상력이 풍부하다	0-1-2-3
· 패션감각이 있다	0-1-2-3
· 음악적 소질이 있다	0-1-2-3
· 그림을 잘 그린다	0-1-2-3
· 자유롭다	0-1-2-3

내용	점수
· 공감능력이 좋다	0-1-2-3
· 남을 잘 돕는다	0-1-2-3
· 이해심이 많다	0-1-2-3
· 잘 가르친다	0-1-2-3
· 사교성이 좋다	0-1-2-3
· 대화를 잘한다	0-1-2-3
· 설득력이 좋다	0-1-2-3
· 리더십이 있다	0-1-2-3
· 열정적이다	0-1-2-3
· 배짱이 있다	0-1-2-3
· 경쟁적이다	0-1-2-3
· 결정을 잘 내린다	0-1-2-3
· 정리정돈을 잘한다	0-1-2-3
· 계획적이다	0-1-2-3
· 꼼꼼하다	0-1-2-3
· 조심성이 있다	0-1-2-3
· 돈을 잘 관리한다	0-1-2-3
· 질서를 잘 지킨다	0-1-2-3

- **내 강점의 공통점을 찾아 정리해 봅시다.**

가치관의 중요성

우리는 살아가면서 선택을 해야 하는 무수한 상황에 맞닥뜨리게 됩니다. 이때 선택의 기준이 되는 것 중 하나가 가치관인데요, 가치관은 자신이 삶에서 중요하다고 믿고 의미 있다고 생각하는 것을 말합니다. 가치관은 알게 모르게 일상생활의 모든 결정과 선택에 있어서 중요한 근거로 작용합니다.

- **다음 설명을 읽고 평소 자신의 가치에 가장 잘 부합하는 것 3가지를 골라 체크해 보세요.**

가치관	설명	체크
성취	스스로 달성하기 어려운 목표를 세우고 이를 달성하여 성취감을 맛보는 것을 중시하는 가치	
봉사	자신의 이익보다는 사회의 이익을 고려하며, 어려운 사람을 돕고, 남을 위해 봉사하는 것을 중시하는 가치	
개별 활동	여러 사람과 어울려 일하기보다 자신만의 시간과 공간을 가지고 혼자 일하는 것을 중시하는 가치	
직업 안정	해고나 조기퇴직의 걱정 없이 오랫동안 안정적으로 일하며 안정적인 수입을 중시하는 가치	
변화 지향	일이 반복적이거나 정형화되어 있지 않으며 다양하고 새로운 것을 경험할 수 있는지를 중시하는 가치	
몸과 마음의 여유	건강을 유지할 수 있으며 스트레스를 적게 받고 마음과 몸의 여유를 가질 수 있는 업무나 직업을 중시하는 가치	
영향력 발휘	타인에게 영향력을 행사하고 일을 자신의 뜻대로 진행할 수 있는지를 중시하는 가치	
지식 추구	일에서 새로운 지식과 기술을 얻을 수 있고 새로운 지식을 발견할 수 있는지를 중시하는 가치	
애국	국가의 장래나 발전을 위하여 기여하는 것을 중시하는 가치	
자율성	다른 사람들에게 지시나 통제를 받지 않고 자율적으로 업무를 해 나가는 것을 중시하는 가치	
금전적 보상	생활하는 데 경제적인 어려움이 없고 돈을 많이 벌 수 있는지를 중시하는 가치	
인정	자신의 일이 다른 사람들로부터 인정받고 존경받을 수 있는지를 중시하는 가치	
실내 활동	주로 사무실에서 일할 수 있으며 신체활동을 적게 요구하는 업무나 직업을 중시하는 가치	

- 나의 적성을 개발해서 해 볼 수 있는 직업들을 찾아오세요.

나의 적성	관련 직업	그렇게 생각한 이유

- 나의 가치관과 관련 있는 직업들을 찾아오세요.

나의 가치관	관련 직업	그렇게 생각한 이유

포트폴리오는 어떻게 만들어야 하나요?

〈포트폴리오의 기본 구성 요소〉

1. 나에 대한 정리 :
2. 나의 목표 :
3. 계획표 :
4. 목표를 이루기 위해 실천해 온 것들 :

그 외에 들어가면 좋을 것들

성적 목표판 작성하기

진로목표

진학목표

성적목표

목표과목

목표과목

목표과목

공부방법

공부방법

공부방법

공부방법

공부방법

공부방법

2. 시간관리 능력 향상 전략
Time management
Enhancement Program

시간 사용 분석하기

● **다음 표에 맞추어 평소 시간을 어떻게 사용하는지 분석해 봅시다.**
(1시간은 대략 하루의 4%입니다.)

하는 일	하루 평균 사용 시간	사용 비중
잠	시간	%
학교 수업	시간	%
학원 / 과외	시간	%
숙제	시간	%
스스로 공부	시간	%
TV	시간	%
컴퓨터	시간	%
독서	시간	%
멍 때리기	시간	%
휴식	시간	%
	시간	%
	시간	%
	시간	%
	시간	%
	시간	%
합계	24 시간	100 %

● **시간 사용 비중 그리기** *각 칸은 5%씩 나뉘어 있습니다.

시간 사용에 대한 평가

● **앞에서 기록한 내용을 바탕으로 나의 시간 사용에 대해 평가해 봅시다.**

가장 보람되게 사용했다고 느껴지는 시간은?

가장 헛되이 사용했다고 느껴지는 시간은?

앞으로 늘리고 싶은 항목은?

앞으로 줄여야 한다고 생각하는 항목은?

시간의 종류

> 플래너는 '4가지 시간'을 적절히 활용해야 가장 큰 효과를 볼 수 있습니다.

1. 고정시간

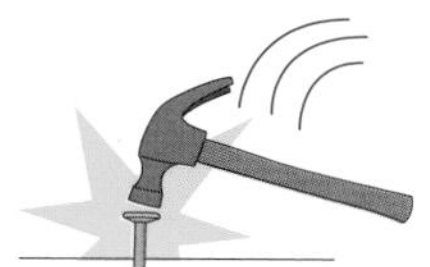

> 이미   있는 일들,
> 따로   할 필요가 없는 일들

2. 가용시간

> 내가 마음대로
> 쓸 수 있는 시간

• 나의 가용시간은? ________시간

3. 목표학습시간

> 목표 달성을 위해 공부하기로 결정한 시간

목표학습시간을 정하는 기준

1.   의 20%
2.   보다 20% 더 늘리기
3.   에 필요한 시간

• 나의 목표학습시간은? ________시간

4. 골든타임

> 하루 중 집중하기 유리한 시간

골든타임의 조건

1. 비교적   한 시간
2.   않은 시간
3.   이 적은 시간
4.   이 좋은 시간

LAMP 학습 플래너 작성 연습

월　　　째 주

나의 진로목표	

나의 공부 목표			
평　균	점에서 평　균		점으로 향상시키기
석　차	등에서 석　차		등으로 향상시키기
백분율	%에서 백분율		%으로 향상시키기

기본시간표

	월	화	수	목	금	토	일
01:00							
02:00							
03:00							
04:00							
05:00							
06:00							
07:00							
08:00							
09:00							
10:00							
11:00							
12:00							
01:00							
02:00							
03:00							
04:00							
05:00							
06:00							
07:00							
08:00							
09:00							
10:00							
11:00							
12:00							
01:00							
가용시간							

오전 오후

이번 주 **총 가용 시간** ________시간 / **목표 학습 시간** ________시간

주간계획

목표과목	시간	기타일정	시간

월 요 일　　월　　일

- 목표와 주간계획을 확인했나요? □
- 오늘 해야 할 일을 우선순위에 따라 미리 결정했나요? □
- 공부에 방해되는 물건(컴퓨터, 만화책, 휴대폰 등)을 보이지 않게 치웠나요? □

Golden Time

과목(할 일)	분량(내용)
	시간 : ~ : 확인 □
	시간 : ~ : 확인 □
	시간 : ~ : 확인 □
	시간 : ~ : 확인 □
	시간 : ~ : 확인 □
	시간 : ~ : 확인 □
	시간 : ~ : 확인 □

토막시간 활용

1.

2.

여가 계획

MEMO

잡생각 휴지통

하루를 정리해 봅시다.

얼마나 만족스러운가요?

조금　보통　만족

○ ○ ○ ○ ○

성취도 계산하기

계획을 세우는 것보다 더 중요한 것은 실천하는 것입니다. 한 주에 내가 계획한 것들을 지킨 정도를 성취도라고 하며, 일일계획표를 가지고 계산합니다. 계산식은 다음과 같습니다.

$$\frac{\text{실제로 지킨 일일계획의 개수}}{\text{이번 주 전체 일일계획의 개수}} \times 100(\%)$$

> 이번 주 나의 성취도 : ________%
> 다음 주 성취도 목표 : ________%

실제 공부시간 계산하기

실제 공부시간은 학습량의 가장 대표적인 지표입니다. 아래와 같은 방법으로 구할 수 있으며 실제적인 학습시간의 양이 얼마나 늘고 있는지를 볼 수 있습니다.

실제 공부시간 = 한 주간 실제로 지킨 일일계획 시간의 전체 합
(주의! 실천하지 않은 계획표의 시간은 빼야 합니다.)

> 이번 주 나의 실제 공부시간 : ________시간________분
> 다음 주 공부시간 목표 : ________시간________분

> 다음은 플래너 앞부분에 있는 그래프에 표시한 예시입니다.

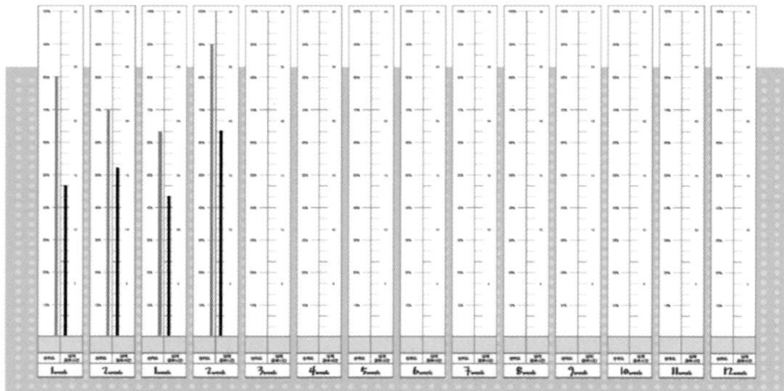

성공적인 시간관리를 위한 주의사항

내가 세운 계획표를 실천하여 시간관리를 제대로 한다는 것은 어려운 일입니다. 처음에는 내 마음처럼 잘 안 되고 시간관리에 실패하기도 쉽지만, 중요한 것은 쉽게 좌절하거나 포기하지 않고 꾸준하게 시간관리를 실천해 보는 것입니다.

다음은 성공적인 시간관리를 위해 명심해야 할 사항들입니다.

> 시간관리를 실패하는 대부분의 원인은 ☐☐☐ 계획 때문이다.
처음부터 욕심부리지 않는다.

> ☐☐는 당연한 것이다.
다만, 어떻게 하면 성공할 수 있을지 늘 고민한다.

> ☐☐와 ☐☐ 시간도 미리 계획한다.
그러기 위해서 평소 시간을 아껴서 사용해야 한다.

> 계획표는 적어도 ☐☐ 전에 만들어야 한다.

3. 집중력 향상 전략
Concentration
Enhancement Program

집중을 잘할 수 있는 조건 만들기

집중의 조건, 첫 번째: 뚜렷한 목표

어떤 일에 몰두하고 집중을 하려면, 그 일에 관심이 있어야 하고, 관심을 가지려면 그 일이 나에게 중요하고 의미가 있는 일이어야 합니다. 공부도 마찬가지입니다. 공부하는 데 집중하기 위해서는 공부 역시 집중할 만큼 중요한 일이 되어야 합니다.

사람은 자신에게 ☐☐ 하고, ☐☐ 있는 일에만 집중할 수 있습니다.
그렇다면 공부에 집중할 수 있는 방법은? 그건 바로 ☐☐ 를 만드는 것입니다.

장기목표는 동기를 높여 주지만, 단기목표는 당장의 행동을 불러일으켜 줍니다.
단기목표로서 공부가 끝나면 나에게 즐거움을 줄 수 있는 일(보상)을 생각해 볼까요?

이번에는 좀 더 장기적인 목표를 생각해 볼까요?

집중의 조건, 두 번째: 골든타임 활용

그렇다면 골든타임은 무엇일까요?

하루 중 ☐☐ 하기에 가장 유리한 시간

골든타임을 결정하는 기준은, 다음 네 가지입니다.

☐☐☐ 않은 시간　　비교적 ☐☐☐ 시간

☐☐☐ 이 좋은 시간　　☐☐ 이 적은 시간

> 골든타임에는 나에게 가장 중요한 과목이나 어려운 내용의 공부를 하는 것이 좋습니다. 표를 보면서, 시간별로 해당하는 집중 정도에 ✓표 체크해 봅시다.

	1 잠만 오고 집중이 전혀 안 된다	2 깨어 있긴 하지만 집중은 안 된다	3 공부는 되지만 딴짓도 하게 된다	4 공부를 하면 집중이 잘 되는 편이다	5 집중이 아주 잘 돼서 공부에 몰입할 수 있다
아침 (AM 6:00~8:00)					
오전 (AM 8:00~PM 12:00)					
점심 (PM 12:00~1:00)					
오후 (PM 1:00~5:00)					
저녁 (PM 5:00~9:00)					
밤 (PM 9:00~AM 12:00)					
새벽 (AM 12:00~6:00)					

집중의 조건, 세 번째: 적절한 시간 길이

집중을 유지하는 능력은 아동기와 청소년기 초기 동안에 점차 좋아지는데, 부분적으로 뇌의 발달에 따릅니다. 뇌에서 주의집중에 담당하는 부분은 사춘기가 되어서야 완전한 발달이 진행됩니다. 즉, 집중력은 나이에 따라 다를 수 있습니다.

그렇다면, 한 번에 제대로 집중할 수 있는 시간은 얼마나 될까요?
집중할 수 있는 시간만큼 칸을 칠해 봅시다.

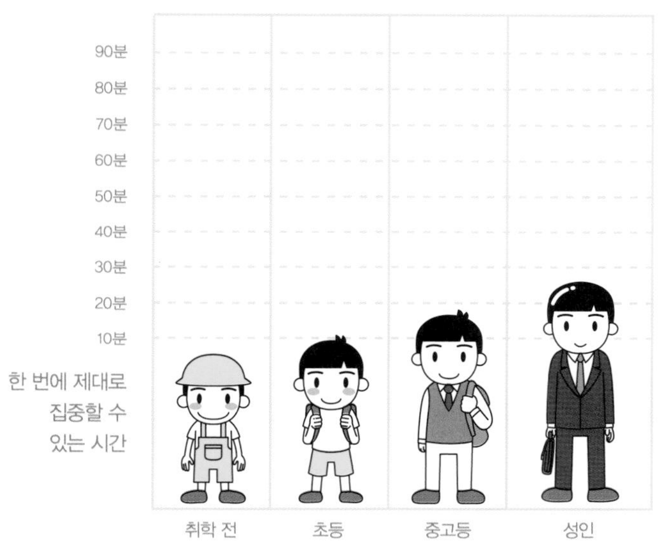

또한, 집중할 수 있는 시간단위 계획은 과목의 난이도에 따라 좀 더 길어질 수도 있고 짧아질 수도 있습니다. 자신의 경우는 어떠한지 표시해 봅시다.

어려운 과목 ________________ 분 집중
쉬운 과목 ________________ 분 집중
평균 ________________ 분 집중

집중을 높이기 위한 기술

잡념 줄이기 1 – 횟수 체크하기

횟수 체크하기란 공부를 하는 동안 옆에 하얀 종이를 두고 잡생각이 떠오를 때마다 빗금(/)을 긋는 행동을 가리킵니다. 이러한 행동은 심리학적 용어로 '자기감찰효과'라고 하며, 이는 잡생각이 떠오르는 빈도를 줄여 줍니다.

잡념 줄이기 2 – 글로 쓰기

자꾸만 떠오르는 잡생각이 있을 때, 억지로 생각을 안 하려 애쓰기보다 반대로 그 생각을 더 많이, 더 이상 떠오르지 않을 때까지 하면 오히려 도움이 될 수도 있습니다. 마치 일기를 쓰듯이, 옆에 둔 종이에 어떤 일이 있었는지 그래서 어떤 생각이 들고 기분은 어떤지 등등에 대해 써 보세요.

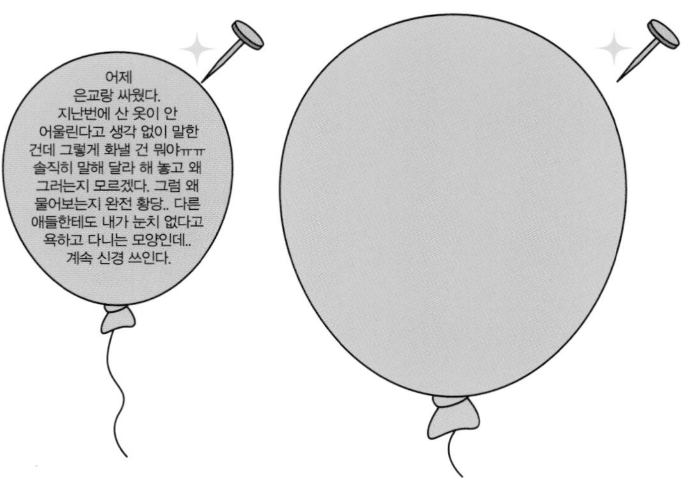

스톱워치 활용하기

여유가 있다고 생각하면 긴장이 풀리면서 일하는 속도가 늦어지는 것을 누구나 경험해 보았을 것입니다. 하지만 시험처럼 마감시간이 얼마 남지 않았을 때는 적당한 수준의 긴장감이 생기면서 쉬이 책에 집중하는 자신을 발견하게 됩니다. 따라서 평소 공부할 때도, 이러한 긴장감을 놓치지 않기 위해 '시간'을 제한해 두면서 공부하는 것이 집중력 향상에 도움이 됩니다. 이때 '스톱워치'는 제한시간을 알려 주는 유용한 도구로 쓰일 수 있습니다.

과목	분량	제한 시간	집중효과
		RESET START	1–2–3–4–5
		RESET START	1–2–3–4–5
		RESET START	1–2–3–4–5

효과적인 공부환경 만들기

눈에 띄는 방해물을 처리하는 방법

> 내 공부환경에서 나의 시선을 끄는 것들에는 무엇이 있을까요?

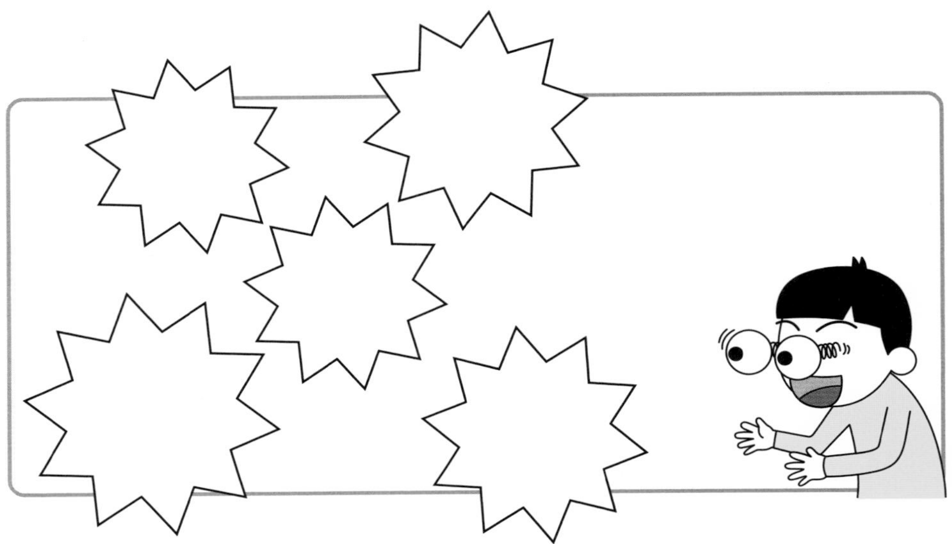

> 이런 방해물을 정리하는 원칙은?

☐ 에 닿지 않는 곳, ☐ ☐ ☐ 않는 곳에 정리하기

> 집에서는 어떻게 치울 수 있을까요?

건강한 수면을 위한 잠의 과학

- 우리 뇌의 활동을 측정하는 기계를 통해 □□를 측정하면 수면이 □ 개의 단계에 걸쳐 일어난다는 것을 알 수 있습니다.

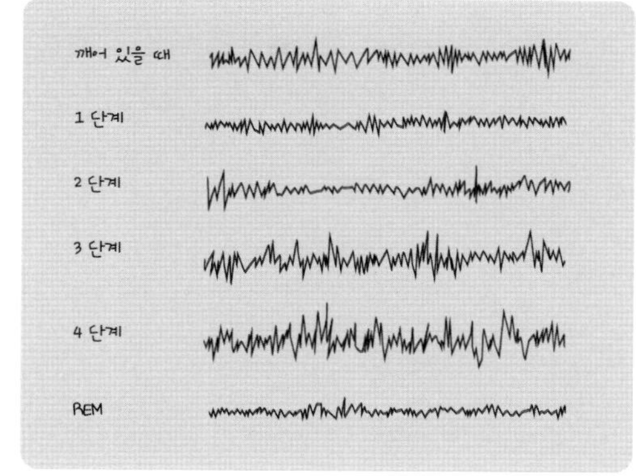

- 이 중 □□□ 수면은 4단계 수면이 시작된 지 약 45분 후 나타나며 뇌의 활동이 갑자기 활발해집니다. 이때 대부분의 사람은 꿈을 꾼다고 합니다.

- 최근 발표된 연구에서, □ 시간 정도 충분히 자고 기억테스트를 받은 학생과 잠을 제대로 자지 않고 테스트를 받은 학생들의 성적을 비교한 결과, 잠을 충분히 잔 학생들의 성적이 잠을 못 잔 학생에 비해 평균 □□ % 이상 좋았다고 합니다.

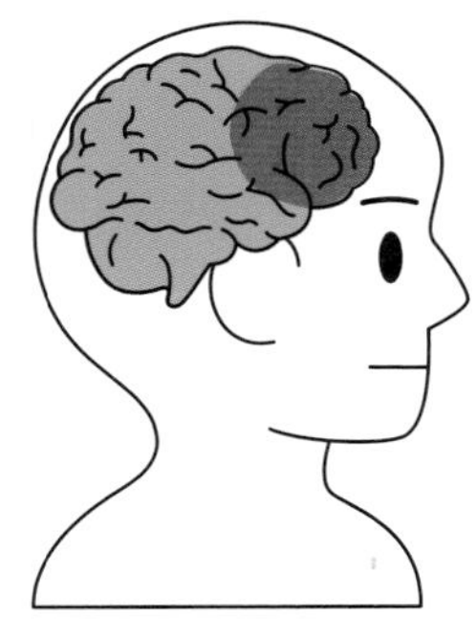

- 수면이 부족하면 혈류에서 □□□을 뽑아내는 신체기능이 약화되고, 그 결과 기본적인 에너지가 충분히 뇌에 전달되지 못해, 학습에서 가장 중요한 영역인 대뇌의 □□□이 제대로 활동하지 못한다고 합니다.

좋은 수면 습관 만들기

- □□은 짧게. 낮 시간에 졸음이 오는 것은 정상적인 것입니다. 하지만 이때 □□분 이상 잠을 자게 되면 수면 리듬에 영향을 받게 되고 밤에 잠이 쉽게 들지 않습니다.

- 휴일에 몰아서 자지 않습니다. 평소에 부족한 잠을 메우려고 한 번에 10시간 이상 몰아서 잠을 자게 되면 □□□□에 균형이 깨지기 때문에 휴일이 끝나는 다음날 활동에 지장을 받게 됩니다. 월요일이 유난히 피곤하게 느껴지는 '□□□'은 이런 이유로 일어납니다.

- 잠들기 전 □□을 줄입시다. 그날 해결하지 못한 일들에 대해 잠자리에서 고민하지 말고 모두 적어 두었다가 다음날 다시 생각합시다.

- 잠들기 3시간 이내에는 □□을 피합시다. 더구나 밤늦게 먹는 것은 비만의 원인이 되기도 한답니다.

- 잠잘 때 방의 환경은 □□고 □□하고 □□가 잘 되어야 합니다.

- 잠이 오지 않을 때는 억지로 잠을 자려는 시도를 하지 말아야 합니다. 이렇게 하면 □□□이 더 심해질 수 있습니다. 오히려, 그럴 때는 불을 켜고 일어나서 활동적이지 않은 □□□일(예를 들면, 책 읽기)을 하다가, 졸릴 때 다시 잠자리에 드는 것이 좋습니다. 그리고 잠을 적게 잤더라도 다음 날 제시간에 일어나야 정상적인 수면 리듬을 찾을 수 있습니다.

- 커피, 홍차, 녹차, 초콜릿 등의 □□□함유 식품을 저녁에 섭취하는 것을 피해야 합니다. 카페인에 예민한 사람은 오후에 한 잔만 마셔도 수면에 방해를 받는 경우가 있습니다.

내가 집중이 안 되는 가장 큰 이유 정리하고 해결책 찾아보기

- 내가 집중이 안 되는 가장 큰 이유 3가지만 정리해 봅시다. 늘 집중을 방해하는 이유도 있을 것이고, 상황에 따라 나타나는 이유도 있을 것입니다. 각각에 대해 정리한 뒤, 지금까지 배운 내용을 바탕으로 가능할 해결책에 대해서도 적어 봅시다.

내가 집중이 안 되는 이유 TOP3	해결책
❶	❶
❷	❷
❸	❸

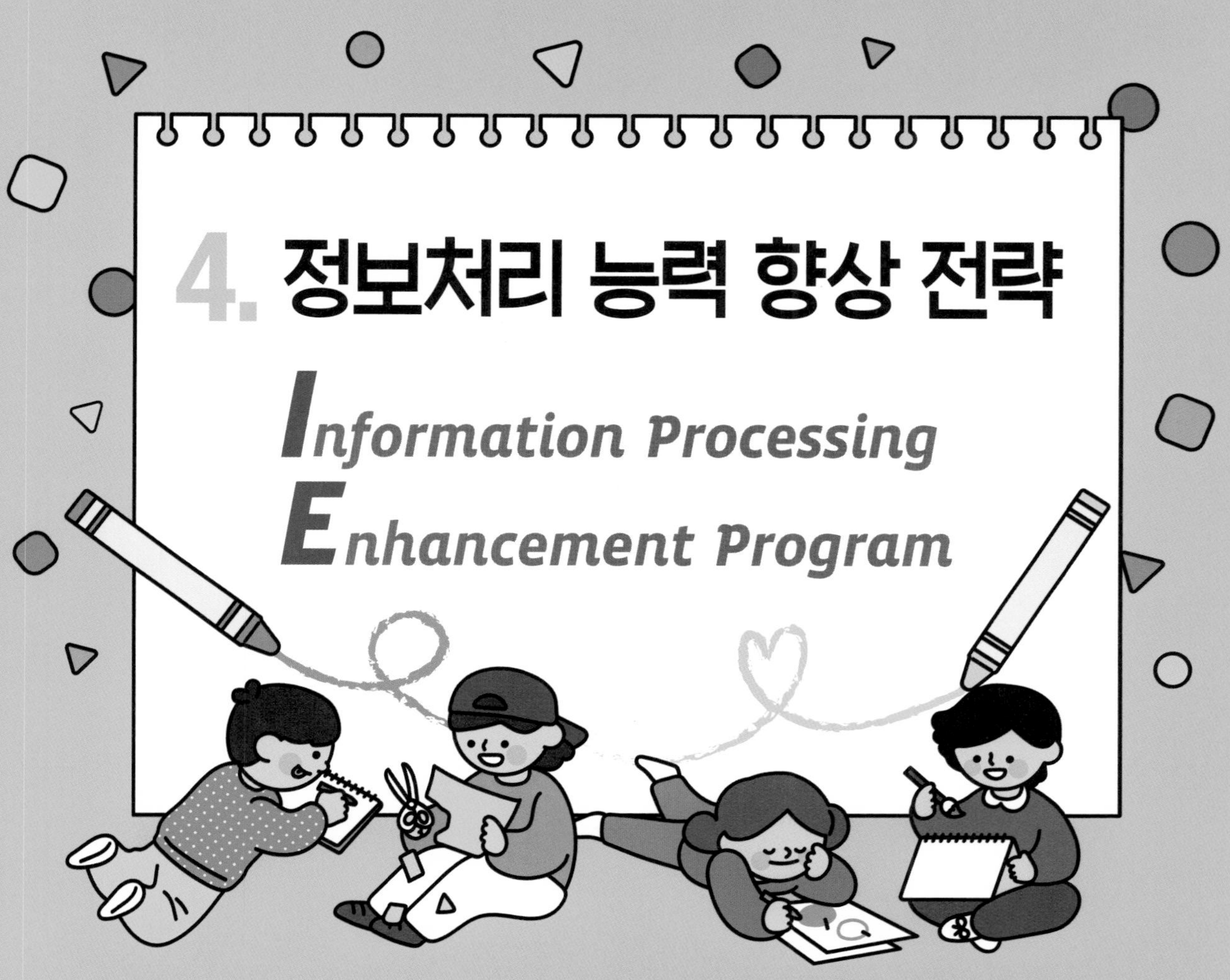
4. 정보처리 능력 향상 전략
Information Processing
Enhancement Program

수업 중 핵심 파악하기

예습의 효과

TV 드라마를 보다 보면, 결정적인 순간에 '다음 시간에…'라는 자막이 뜨면서, 다음 편 예고를 짧게 보여 주는 경우가 흔합니다. 이런 장면을 통해서 다음 회에 대한 기대를 높이고, 호기심을 유발하기 위해서입니다. 시청자 입장에서는 짜증이 나면서도 한편으로는 '다음엔 어떻게 될까?' 하는 궁금증 때문에 더 보게 되는 것이죠.

예습을 하면 수업시간에 어떤 내용을 배우는지 ☐☐ 할 수 있기 때문에,
수업에 대한 ☐☐☐ 을 가지고 열심히 집중할 수 있게 됩니다.

5분 예습 전략

예습의 가장 중요한 요령은 '의문점이 생길 만큼만 개요 파악하기'입니다. 수업 시작하기 전, 5분 동안 할 수 있는 간단한 예습 방법에 대해 생각해 봅시다.

①

②

③

수업을 통한 중요한 내용 파악하기: 수업 중 표지판 찾기

수업을 듣다 보면 선생님의 말씀이나 행동에서 그날 중요한 것이 무엇인지를 알 수 있도록 해 주는 표지판이 있습니다. 선생님이 다른 내용과 달리 특별히 강조하는 것은 그 내용이 다른 것보다 더 중요하고, 그만큼 시험에 나올 가능성이 높다는 일종의 표지판 역할을 하는 것이지요. 이렇게 수업 중 표지판 역할을 하는 것에는 어떠한 것이 있을지 생각해 보고, 아래의 표지판 그림에 적어 봅시다. 예를 들어, '시험에 꼭 낼 거야'와 같은 말로 하는 표지판이 있는가 하면, '목소리가 커진다' '필기를 한다'처럼 행동으로 표현되는 경우가 있습니다.

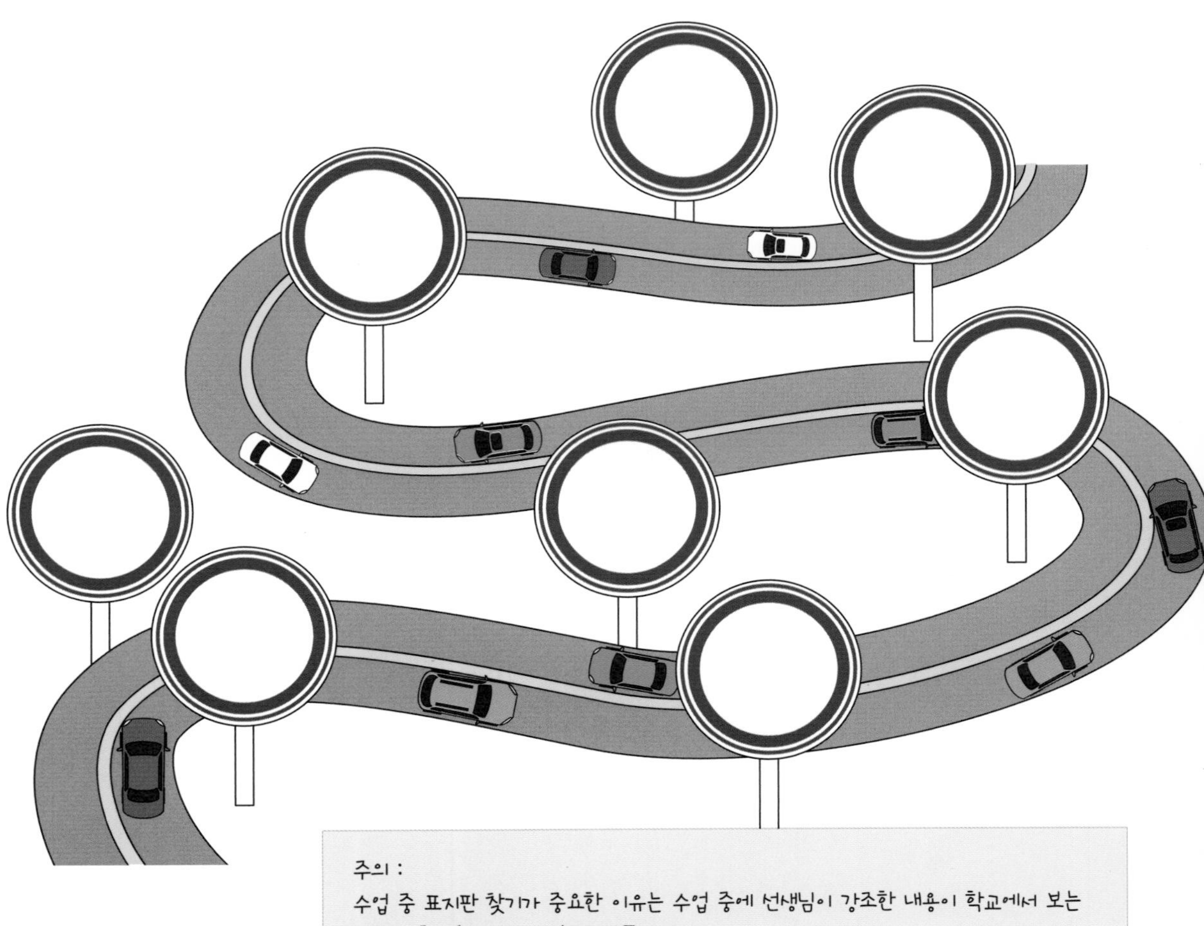

주의 :
수업 중 표지판 찾기가 중요한 이유는 수업 중에 선생님이 강조한 내용이 학교에서 보는 시험에 출제될 가능성이 높기 때문입니다.

수업 직후 5분 복습 전략

수업이 끝난 직후, 간단한 복습은 수업내용의 이해와 활용에 큰 도움을 줍니다. 다음과 같이 해 볼 수 있어요.

□□□의 답을 찾았는지 확인하기
□□ 되지 않은 부분 □□하기
□□□□ 점검하기

효과적인 노트양식

핵심단어칸	수업내용 정리칸

위에 제시된 노트는, 노트의 왼쪽 부분에 2~4cm 정도의 선을 그은 후 '핵심단어칸'과 '수업내용 정리칸'으로 나누어 정리하도록 도와주는 효과적인 양식입니다.

수업내용 중에서 중요한 내용을 따로 정리할 수 있다는 장점이 있습니다.
중요한 핵심 내용과 설명 부분의 구분이 가능하기 때문에 복습에 아주 유용한 노트 형식이라고 할 수 있습니다.

수업내용 정리칸 작성방법

학교 수업을 들으면서 노트 작성을 할 때, 먼저 수업내용 정리칸을 필기합니다. 수업을 들으면서 동시에 필기를 하는 것이 결코 쉬운 일은 아니지만, 아래의 단계를 따라가다 보면 보다 쉽게 필기할 수 있습니다. 빈칸을 채우며 방법을 배워 봅시다.

핵심단어칸	수업내용 정리칸
	1 단계 > 가장 먼저 그날 배울 내용의 ______ 을 눈에 잘 보이게 적습니다. > 대단원, 중단원, 소단원 등을 구분하여 적습니다. **2 단계** > 그 단원의 ________ 를 적습니다. > 학습목표에는 그날 수업의 가장 핵심적인 내용들이 포함되어 있으므로, 반드시 필기하도록 합니다. **3 단계** > 수업을 들으며 ______ 내용을 수업내용 정리칸에 필기합니다. > 수업 때의 필기가 노트필기의 끝이 아니므로 (집에 가서 다시 보충해야 하기 때문에) ______ 을 넉넉히 두면서 필기합니다.

수업내용 정리칸

4 단계

> 필기를 할 때에는 를 붙이고,
를 사용해 가면서 적도록 합니다.

5 단계

> 잘못 필기한 부분은 지우지 않습니다. 대신
을 긋고 고친 내용을 그 위에 다시 적습니다.

> 단순히 맞춤법이 틀렸을 경우에는 지우개나 화이트를 사용합니다.

6 단계

> 수업 중 선생님이 강조하고 반복해서 설명한 부분은
확실하게 표시합니다.

7 단계

> 수업 중 중요하다고 생각되는 이나
등은 직접 그려 보도록 합니다.
다만, 꼭 수업 중에 그릴 필요는 없으며, 수업 후 복습하는 과정에서 그립니다.

8 단계

> 수업 중에 제시되는 다양한 정보와 사실뿐만 아니라
그에 대한 도 필기합니다.

No Date . .

연습해 보세요.

핵심단어칸 작성방법

앞의 8단계 순서에 따라 수업내용 정리칸의 필기를 마치면, 핵심단어칸을 기록합니다. 핵심단어칸은 수업내용 정리칸에서 '수업내용을 떠오를 수 있게 하는 힌트'가 되는 핵심단어를 찾아서 적는 것이 중요합니다. 수업단어칸 작성방법과 마찬가지로, 빈칸을 채우며 방법을 배워 봅시다.

작성방법

핵심단어칸

수업내용 정리칸

1. 수업내용 정리칸에서 ____ ____ 단어만 뽑아서 적습니다.

2. 수업 ____ ____ 에 정리하고, 집에서 복습할 때 한 번 더 정리합니다.

핵심단어 찾는 요령

> 선생님이 수업 중에 ____ ____ 적으로 이야기한 단어

> 학습목표, ____ ____ , 제목 등에 포함되어 있는 단어

> 교과서에 굵게 표시되어 있거나 ____ ____ 된 단어

노트를 활용한 복습법

수업시간을 통해 배운 내용들을 일목요연하게 정리한 노트는 시험 기간에 나만의 참고서가 되기도 하지만, 매일매일의 복습을 도와주는 역할을 하기도 합니다. 노트를 활용한 효과적인 복습방법에는 어떤 것이 있을까요?

1. 보충하기 | 배운 내용 정확히 기억하기

수업내용 정리칸과 핵심단어칸에 적힌 내용들을 집중해서 읽고, 제대로 이해하지 못했던 부분이 있다면 참고서나 친구들의 도움을 얻어서 이해하도록 합시다.

> ______ 단어, 궁금한 내용을 찾아서 노트에 적는다.

> 중요하다고 생각되는 부분에 나만의 ____ 를 한다.

> ________ 칸을 한 번 더 정리한다.

2. 암송하기 | 배운 내용에 대한 기억 강화하기

배운 내용을 정리하고 이해하는 것만으로는 기억을 단단히 만들 수 없습니다. 암송은 기억을 가장 확실하게 해 주는 방법으로, 제대로 기억한 내용과 기억하지 못한 부분을 정확하게 확인할 수 있도록 도와줍니다.

> ______ 칸에 있는 내용을 2~3번 정독하면서, 중요한 내용들을 이해한다.

> 수업내용 정리칸은 가리고, 핵심단어칸은 보이게 한 다음, ____ 하면서 외운 내용들을 확인하다.

연습) **노트를 작성하고 암송 연습을 해 봅시다.**

5. 시험준비 능력 향상 전략
Examination Preparation
Enhancement Program

시험이 발표되면 해야 할 일(시험 정보 모으기)

시험에 대한 정보탐색

시험 기간에 꼭 알아 두어야 하는 시험 관련 정보들은 무엇일까요?

> 시험범위는 어디까지인가?

> 시험범위 중 특별히 중요한 부분은 어디인가?

> 시험문제 유형은 어떤가? (객관식, 단답형, 서술형)

> 총 몇 문제가 출제되는가?

> 한 문제에 몇 점씩인가?

> 어느 유형의 문제에 더 많은 배점이 주어지는가?

이러한 정보들 외에 또 시험에 관한 어떤 것들을 알고 있으면 좋을까요?

>

>

시험계획을 잘 세우기 위한 전략 (1) – 분산학습

여러분은 시험이 다가오면 어떻게 시험준비 계획을 세우나요?
계획을 제대로 세워 놓지 않으면 '벼락치기'를 하게 되어 결과도 만족스럽지 못할 뿐 아니라 시험에 대한 스트레스도 많이 받게 됩니다. 그럼 지금부터 시험계획을 효과적으로 세울 수 있는 전략에 대해서 알아봅시다.
시험공부를 할 때는 꼭 잊지 말아야 할 원칙 두 가지가 있습니다.

분산학습

분산학습은 한 번에 몰아서 하지 않고 나누어서 공부하는 것을 의미합니다. 예를 들어, 하루에 한 과목의 시험공부를 모두 끝내려는 것은 몰아서 공부하기에 해당됩니다. 벼락치기가 바로 그런 거겠죠. 그럼, 왜 몰아서 하는 것보다 나누어서 공부하는 것이 좋을까요?

> 한 번에 많은 양을 공부하면 ☐☐☐이 떨어지기 때문입니다.

운동을 할 때, '오늘은 팔운동만 해야지.' 하고 계속해서 팔만 사용하면 얼마 못하고 지치게 되듯이, 비슷한 내용을 오랜 시간 붙들고 있으면 뇌가 훨씬 쉽게 피로해집니다. 수학을 일정 시간 공부하고 잠시 쉰 다음 국어를 공부하고, 그다음에는 과학을 공부하는 식으로 서로 성질이 다른 과목을 골고루 섞어서 공부하면 같은 양이라도 훨씬 잘 집중할 수 있습니다.

> 몰아서 공부하면 ☐☐이 잘 되지 않기 때문입니다.

하루 세 끼에 나누어 먹어야 할 음식을 한 번에 먹게 되면 소화가 되지 않듯이, 한 번에 많은 양의 정보가 머릿속에 들어오면 장기기억으로 넘어가지 않습니다. 자주자주 나누어 넣어 줘야 알맞게 소화할 수 있습니다.

시험계획을 잘 세우기 위한 전략 (2) – 반복학습

반복학습

반복학습은 같은 내용을 여러 번 공부하는 것을 말합니다.

> 분산학습이 공부의 '양'에 대한 것이라면 반복학습은 공부의 [ ][ ]에 대한 것입니다. 한 번 공부한 내용은 시간이 지나면 조금씩 머릿속에서 사라집니다.

> 오래 기억할 수 있는 유일한 방법은 공부한 내용이 사라지기 전에 다시 [ ][ ]하면서 기억을 단단하게 다지는 것입니다.

> 적어도 [ ] 번 정도는 반복해서 공부해야 외우려는 내용들이 안전하게 시험 때까지 머릿속에 남게 됩니다.
또 이렇게 공부하면 시험이 끝난 후에도 기억할 수 있습니다.

분산학습과 반복학습, 이 두 가지 학습원리를 잘 지켜 시험계획을 세운다면, 좋은 결과를 얻을 수 있을 것입니다.

분산학습, 반복학습의 원리를 효과적으로 적용한 시험준비 계획

시험일까지 남아 있는 기간을 6:3:1의 비율로 나누어 준비하는 것을 의미합니다.

우선, 시험 보기 전날에는 최종정리를 하는 시간을 가져야 합니다. 따라서 시험 보기 전날까지는 시험범위 전체를 두 번 정도는 볼 수 있도록 시험계획을 세우는 것이 좋습니다. 다음 예시와 같이 처음에 최종정리 계획을 시험 보기 전날에 세웁니다. 그리고 6:3:1 정도의 비율에 맞춰서 시험범위 전체 공부하기와 한 번 공부한 것을 반복하도록 시험계획을 세웁니다.

❶			❷		❸	
첫째 날	둘째 날	셋째 날	넷째 날	다섯째 날	D-1	
사회 앞 30쪽 국어 앞 30쪽	사회 중간 30쪽 국어 중간 30쪽	사회 뒤 30쪽 국어 뒤 30쪽	사회 전반 45쪽 국어 전반 45쪽	사회 후반 45쪽 국어 후반 45쪽	사회, 국어 최종정리	시험

- **그렇다면 6 : 3 : 1의 기간 동안에 각각 어떤 방법으로 공부하는 게 효과적일까요?**

시험 전 남아 있는 기간	해야 할 일	공부 재료	공부방법
60%	시험범위 전체를 정리하여 ______ 및 ______를 한다.	1 ______ 2 ______ 3 ______ 4 ______	정독하기, 이해하기, 요약하기
30%	요약 및 정리된 문서를 다시 읽고, ______ 및 ______ 하며 관련 문제를 풀고 오답을 정리한다.	1 ______ 2 ______ 3 ______	문제풀이, ______ 만들기
10%	암송 및 암기 최종 확인, 오답 중 이해 못한 부분 다시 정리	1 ______ 2 ______	틀린 부분이나 중요한 부분만 확인하기, 암송하기

계획이 밀렸을 때의 해결방법

그럼 이런 경우에는 어떻게 대처하는 것이 좋을까요?

실패하는 이유		해결방법
무리한 계획을 세우는 경우	>	
세운 계획을 잊어버리는 경우	>	
집중도가 떨어지는 경우	>	
시험계획이 밀려서 못한 부분의 분량이 너무 많은 경우	>	
그 외 다른 경우	>	

시험불안이란?

- **지금까지 시험을 여러 번 치렀음에도, 시험만 다가오면 불안해서 공부에 집중하지 못하거나 시험을 망치는 경험을 하기도 합니다. 여러분의 경우는 어떤가요?**

- **불안할 때 우리는?**

불안할 때, 특히 시험공부를 하는 동안이나 시험 중에 불안하면 어떤 모습으로 나타날까요? 빈칸에 각각 적어 봅시다.

몸(신체)의 변화

주로 드는 생각

행동의 변화

주로 느끼는 감정

불안을 줄여 주는 '마음속의 말'

시험에 대한 불안감, 자신 없는 태도를 바꾸고 싶다면 나의 부정적인 '마음속의 말'을 긍정적으로 바꿔 보세요. '열심히 준비했으니까 잘 볼 수 있을 거야' '시험 때 불안한 건 당연한 거야'와 같은 생각들을 되뇌거나, 자신이 원하는 모습을 계속 그려 보며 할 수 있다는 다짐을 하면, 결국은 그 목표에 다다를 수 있게 될 뿐만 아니라 자신감도 커집니다.

호흡 훈련

우리의 신체감각, 생각, 행동은 관련이 많습니다. 불안과 연관된 몸의 반응 중 하나인 호흡은 불안과 긴장을 감소시키는 데 큰 효과가 있습니다. 따라서 호흡을 잘 조절하게 되면 과도한 긴장, 불안과 관련된 여러 가지 신체 감각도 함께 변화시킬 수 있으며, 주의집중력을 높일 수 있어 학습능력도 좋아질 수 있습니다. 지금부터 선생님의 지시에 따라 호흡 훈련을 시작해 보겠습니다.

〈호흡 훈련하기〉

1 

두 손을 배꼽 위에 올려놓으세요.

2 

눈을 가볍게 감고 입을 다물고
깊숙이 '코'로 숨을 들이쉬세요.

3 

잠깐 숨을 멈췄다가 '입'으로 천천히 내쉬세요.

4 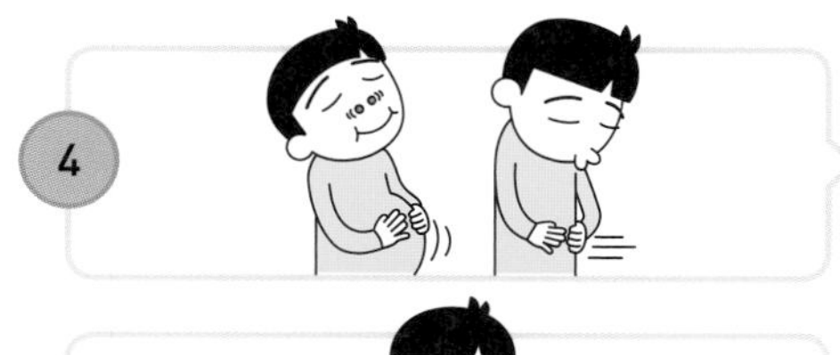

숨을 들이쉬면서 배를 풍선처럼 부풀렸다가 내쉬면서
풍선에서 바람이 빠지듯이 배를 집어넣으세요.
가슴은 고정시킵니다.

5 

호흡을 하면서 온몸의 근육이 편안해지는
느낌을 갖도록 해 보세요.

6 이 과정을 세 번 반복합니다.

코넬노트

핵심단어	수업내용 정리

핵심단어	수업내용 정리

핵심단어	수업내용 정리

핵심단어	수업내용 정리

박동혁(Park Dong Hyuck)

아주대학교 심리학과에서 학습과 정신건강에 대한 주제로 임상심리학 석사와 박사 학위를 취득하였다. 또한 1998년부터 2007년까지 학습상담 전문 연구소인 아주학습능력개발연구실(ALADIN)을 운영하였다. 이후 현재까지 심리학습센터 '마음과배움' 원장을 역임하며 아동 및 청소년의 학습/진로/인성 문제를 다루는 현장 심리학자로 활동하고 있다. 현재는 아주대학교 교육대학원 겸임교수, 원광디지털대학교 심리학과 초빙교수로 재직 중이며, '학습심리' '진로상담' '행동수정' '이상심리' '심리치료' 등의 과목을 강의하고 있다. 이 외에 각급 교육청 및 상담 기관을 대상으로 학습, 인성, 진로에 대한 다양한 강연을 진행하고 있다. 대표 저서로는 『하루 5분 양육기술』(공저, 학지사, 2017), 『MLST-II 학습전략검사』(인싸이트, 2014), 『MindFit 적응역량검사』(인싸이트, 2014), 『LAMP WORKBOOK 시리즈』(학지사, 2014~2023), 『KMDT 진학진단검사』(인싸이트, 2012) 등이 있다.

LAMP WORKBOOK
자기주도학습 향상 프로그램 LAMP - Core 5
Lamp Workbook Short Form 5Session

2023년 6월 25일 1판 1쇄 인쇄
2023년 6월 30일 1판 1쇄 발행

지은이 • 박동혁
펴낸이 • 김진환
펴낸곳 • (주) 학지사
04031 서울특별시 마포구 양화로 15길 20 마인드월드빌딩
대표전화 • 02)330-5114 팩스 • 02)324-2345
등록번호 • 제313-2006-000265호

홈페이지 • http://www.hakjisa.co.kr
인스타그램 • https://www.instagram.com/hakjisabook

ISBN 978-89-997-2890-7 03370

정가 8,000원